Spiegelbilder

Walther Keim/Hans Dollinger (Hrsg.)

Spiegelbilder

Karikaturisten sehen
Deutschland und die Deutschen

List

Es ist vielen unter unsern Deutschen
sehr gewöhnlich, daß ihr Witz
langsam und spat erwacht...

Gottlieb Wilhelm Rabner, 1752

Umschlagzeichnung: Walter Hanel

ISBN 3-471-77987-6

Reproduktionen: Litho Eigner GmbH., München
Druck: Staudigl, Donauwörth
Bindearbeit: Oldenbourg, München

INHALT

Brian Bagnall

Die Deutschen und ihre Identität

Von Richard von Weizsäcker

Ich bin ein Deutscher, wie ein Franzose ein Franzose, ein Russe ein Russe ist. Das ist weder ein Mangel noch ein Verdienst. Ich habe es mir nicht ausgesucht, genausowenig wie die Zeit, in der ich lebe und die mich prägt.

Es gibt eine starke Überlieferung, die mich als Deutschen durchdringt, ob ich mir dessen bewußt bin oder nicht: Die Überlieferung des Glaubens und der Kultur, der sozialen Entwicklung und der politischen Vergangenheit in Deutschland haben auch meine Existenz mitbestimmt. Damit muß ich mich auseinandersetzen, denn willenlos ausgeliefert bin ich diesen Traditionen nicht. Der Mensch kann ihnen eine neue Richtung geben und dadurch Einfluß auf seine Zeit zu nehmen suchen. Darin ist er frei, dafür ist er verantwortlich. Alle menschliche Geschichte ist Wandel, Veränderung und damit der wichtigste Beleg menschlicher Freiheit, den wir haben.

Mein Deutschsein ist also kein unentrinnbares Schicksal, sondern eine Aufgabe. Wir sind mitverantwortlich, unserem Deutschsein einen Inhalt zu geben. Denn wir müssen nicht nur uns selbst und unseren Nachbarn verständlich sein, wir wollen uns nicht nur bei uns selbst zu Hause fühlen und bei unseren Nachbarn willkommen sein; wir sollten auch einen Inhalt unseres Deutschseins finden, mit dem wir vor unseren Nachkommen bestehen können...

Wenn heute in der Welt von den Deutschen die Rede ist, werden Freiheit, soziale Rechtsstaatlichkeit und Demokratie mitgedacht.

Unsere Demokratie hat ihre Mängel wie jede andere auch. Man mag manche solcher Mängel auf typisch deutsche Eigenschaften zurückführen, aber damit kommt man nicht sehr weit. Unsere besonderen Erfahrungen und Erinnerungen belasten uns nicht nur, sie vermitteln uns auch hilfreiche und schützende Einsichten. Wir haben die Erfahrungen von Diktatur, Krieg und Unrechtsstaat wie kaum ein anderes Volk. Im Erbe unserer Geschichte mit ihren hellen und dunklen Kapiteln ist dies ein besonders schwerer Abschnitt. Aber je besser wir ihn verstehen, je klarer wir die Erinnerung wahren, je unzweideutiger wir die Verantwortung für die Folgen tragen, desto weniger erwachsen aus der Vergangenheit Krisen unserer Identität. Desto besser sind wir uns selbst und unseren Nachbarn verständlich...

Vorwort

Auftakt zur zweiten Gothaer Karikade: Die »Flitterwochen« nach der deutsch-deutschen Hochzeit gehen in den Alltag über. Gewöhnung und Normalität bahnen sich Wege. Karikaturisten greifen dies auf und geben eigene Interpretationen der Gesamtschau in ihren Arbeiten wieder.
Wie bereits im Vorjahr haben die Künstler der spitzen Feder für die Karikade »die Deutschen« unter die Lupe genommen, um ihre Stärken und Schwächen auf den Punkt zu bringen. Die Karikaturisten, darunter auch zwei weibliche Vertreter dieser Zunft, aus den alten und neuen Bundesländern haben uns liebenswert den verzerrenden Hohlspiegel vorgehalten.
Die Gothaer versteht sich hier als Pate, wenn jetzt und auch in den kommenden Jahren ironisierte Mikro-Ausschnitte des täglichen Lebens Anlaß zum Karikaturen-Wettbewerb, zur Gothaer Karikade, geben. Längst ist die Karikatur »hoffähig« geworden. Unser Engagement – weit über unsere bloße wirtschaftliche Ausrichtung hinaus – soll es sein, diese kunstvoll satirischen Darstellungen weiter zu verarbeiten.
Auf das Motto der Karikade '92 »Spiegelbilder – Karikaturisten sehen Deutschland und die Deutschen« stößt man automatisch, wenn man wachen Auges den Umgang der Bürger miteinander auf sich wirken läßt. Die vier Generaltugenden – Gerechtigkeit, Mut, Geduld und Fleiß –, die der griechische Philosoph Platon schon im vierten Jahrhundert v. Chr. benannte, sind auch heute noch aktuell. Die Herausgeber dieses Buches, Professor Dr. Walther Keim und Hans Dollinger, gliederten die zeitnahen Spiegelbilder in sieben Kapitel. Die Tugenden (ursprünglich Tauglichkeit oder Tüchtigkeit, die eine sittliche Haltung voraussetzen) waren für unsere Karikaturisten Auslöser, den Zerrspiegel an den Nahtstellen überzustülpen. Sie konzentrierten sich auf die Konflikt-Gesellschaft, in der Auseinandersetzung zwischen Jung und Alt oder mit Ausländern, die Leistungs-Gesellschaft mit ihrem Streben nach Nutzen und Gewinn, die Freizeit-Gesellschaft mit Urlaub und Hobbies, die Kultur-Gesellschaft mit ihren Traditionen und total verrückten Neuerungen, die Mobile Gesellschaft (was wären die Deutschen ohne das Auto?), die Wegwerf-Gesellschaft in der Auseinandersetzung mit der Umwelt, und schließlich auf die Einheits-Gesellschaft, mit dem deutschen Ehealltag in Politik und Wirtschaft nach den Flitterwochen.
Im Jahr der Olympiade sucht sich die Karikade ihren eigenen Stellenwert satirischer Zeitgeschichte. Dankbar greifen wir den wohlgemeinten Nasenstüber der Karikaturisten auf: Wer über sich selbst schmunzeln kann, begreift die Freude.

Dr. Wolfgang Peiner
Vorsitzender der Vorstände der
Gothaer Versicherungen
Köln/Göttingen

Spiegelbilder der Deutschen als Konflikt-Gesellschaft

Gibt es ein Land außer Deutschland, wo man eher die Nase rümpfen als sie putzen lernt?

Georg Christoph Lichtenberg

Der Jugend wird oft der Vorwurf gemacht, sie glaube immer, daß die Welt mit ihr erst anfange. Aber das Alter glaubt noch öfter, daß mit ihm die Welt aufhöre.

Friedrich Hebbel

Daß wir wieder werden wie die Kinder ist eine unerfüllbare Forderung. Aber wir können zu verhüten suchen, daß die Kinder werden wie wir.

Erich Kästner

Klaus Vonderwerth

Verständigungsschwierigkeiten *Walter Hanel*

Sich wahrheitsgemäß zu erinnern tut oft weh.
Richard von Weizsäcker

Gerhard Mester

Der Mensch ist das einzige Geschöpf, das erzogen werden muß.

Immanuel Kant

GLÜCKSRAD
Glücksrad
GLÜCKSRAD
Junior

Peter Muzeniek

»Glücksrad«

Cleo-Petra Kurze

Ich bin überzeugt, man liebt sich nicht bloß in anderen, sondern haßt sich auch in anderen.

Georg Christoph Lichtenberg

Barbara Henniger

Freimut Wössner

„Also, nee! Ich hab bei der Leuchtgans nachgegeben und beim MANN OHNE EIGENSCHAFTEN. Mein Hängebauchschwein und die 22 TIM & STRUPPI-Bände behalt ich, daß das klar ist!"

Hans Traxler

Gerhard Mester

Klaus Vonderwerth

Was gute Gesellschaft genannt wird, ist meist nur ein Mosaik geschliffener Karikaturen.

Friedrich von Schlegel

Ottfried Zielke

Wer den Geist nicht verträgt, beruft sich aufs Blut.

Heinrich Mann

Fragen an Franz

Dieter Hanitzsch

»Rechte Skins? Ich klopp doch links!«

Armin Gehret

Die gefährlichste Weltanschauung ist die Weltanschauung der Leute, welche die Welt nie angeschaut haben.

Alexander von Humboldt

Erich Rauschenbach

Kleines Welttheater

Armin Gehret

Wer nicht weiß, daß er eine Maske trägt, der trägt sie am vollkommensten.
Theodor Fontane

Spiegelbilder der Deutschen als Leistungs-Gesellschaft

Nicht die Welt ist unser Schicksal, sondern die Wirtschaft.

Walther Rathenau

Wer rechnet, ist immer in Gefahr, sich zu verrechnen.

Theodor Fontane

Der Anspruch auf den Platz an der Sonne ist bekannt. Weniger bekannt ist, daß sie untergeht, sobald er errungen ist.

Karl Kraus

Walter Hanel

Brian Bagnall

Das Leben qualmt daher wie Schornstein-
rauch und räuchert unsere schillernden
Ideale zu Sprotten.

Joachim Ringelnatz

»Ich glaube, es ist die Villa eines gewissen Michael Deutsch!« *Horst Haitzinger*

Hans-Jürgen Starke

Das Geld ist wie ein krankes Kind – man muß alles tun, um es durchzubringen.
Joachim Ringelnatz

Guter Ruf verpflichtet *Josef Partykiewicz*

Erich Rauschenbach

Gerhard Glück

Deutsches Spiegelbild *Nel*

Das Rationale am Menschen sind die Einsichten, die er hat. Das Irrationale an ihm ist, daß er nicht danach handelt.

Friedrich Dürrenmatt

Reiner Schwalme

Der letzte Abenteurer

Dieter Hanitzsch

Spiegelbilder der Deutschen als

Freizeit-Gesellschaft

Früher sind die Menschen für die Freiheit auf die Barrikaden gestiegen, jetzt tun sie es für die Freizeit.

Werner Finck

Als deutscher Tourist im Ausland steht man vor der Frage, ob man sich anständig benehmen muß oder ob schon deutsche Touristen dagewesen sind.

Kurt Tucholsky

Ist der Kopf nicht bei vielen nur eine Art von Hut, den man zwar zuweilen trägt, der aber bei den eigentlichen Galabegebenheiten des Lebens abgenommen wird?

Georg Christoph Lichtenberg

»Daaaagmar – koooomm maaal…, die Beeergers aus der Wööööhlerstrasse!«

Gerhard Glück

Erich Rauschenbach

Heinz Langer

Reisen kann einen ja auch blöd machen.
Manche Leute kommen von einer Reise
dümmer zurück, als sie hingefahren sind.
Wolf Biermann

Pepsch Gottscheber

Die letzten krankenhauslosen Minuten im Leben des Sportfreundes Hansi F.

Freimut Wössner

»Mußte denn Papi unbedingt beim Gondoliere mit seinen Einsparungen anfangen!?«

Horst Haitzinger

Spiegelbilder der Deutschen als

Kultur-Gesellschaft

Ein Buch ist ein Spiegel, wenn ein Affe hineinguckt, kann kein Apostel herausschauen.

Georg Christoph Lichtenberg

Wer dauernd Endgültiges zu sagen bemüht ist, der kommt über Platitüden nicht hinaus.

Günter Grass

Vernunft muß sich jeder selbst erwerben, nur die Dummheit pflanzt sich gratis fort.

Erich Kästner

Volk der Dichter und Denker *Walter Hanel*

Im Reiche der Dichter und Denker

Josef Partykiewicz

Peter Muzeniek

Gerhard Mester

»Wollen wir das Rheingold nun zeitgemäß inszenieren oder nicht!?«

Horst Haitzinger

Hans Traxler

Nostalgie ist die Fähigkeit, darüber zu trauern, daß es nicht mehr so ist, wie es früher nicht gewesen ist.

Manfred Rommel

Heinz Langer

Es ist schlimm, in einem Land zu leben, in dem es keinen Humor gibt. Aber noch schlimmer ist es, in einem Land zu leben, in dem man Humor braucht.

Bertolt Brecht

Reiner Schwalme

Spiegelbilder der Deutschen als

Mobile Gesellschaft

Mit dem Auto ist die Kunst des Ankommens verlorengegangen.

Erhart Kästner

Am Wochenende verwandelt sich der Kampf ums Dasein in einen Kampf ums Dortsein.

Werner Schneyder

Ein Mensch, der zu langsam ist, wird nicht soviel Schaden anrichten als ein Mensch, der zu schnell ist.

Max Dauthendey

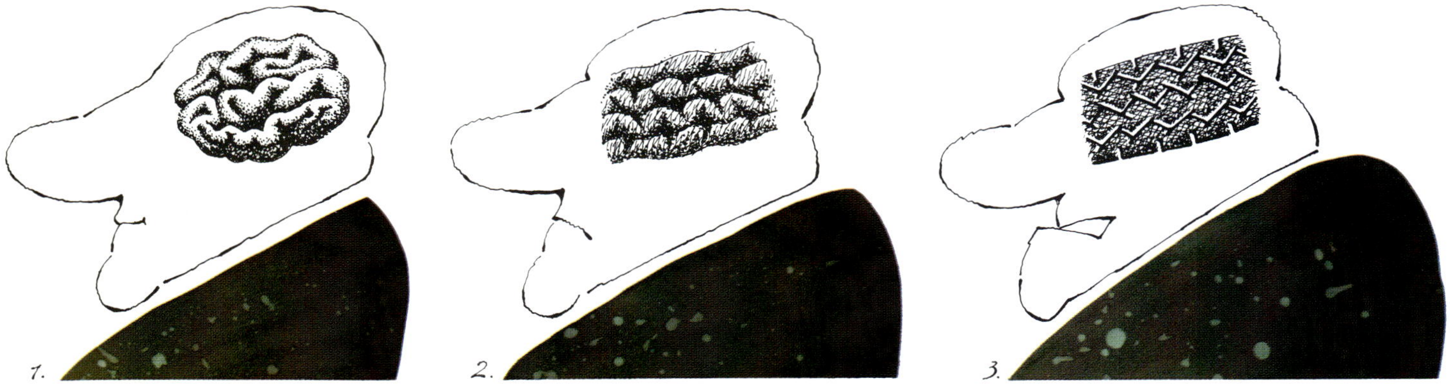

Hans-Jürgen Starke

Erik Liebermann

Der große Konfuzius hat gesagt: ›Ob es Gott gibt oder nicht, wissen wir nicht – also laßt uns ihm Opfer bringen.‹ Eine pragmatische, fast pfiffige Einstellung.

Klaus Mehnert

Vielen deutschen Autofahrern ist das Waldsterben ja noch scheißegal …

… aber spätestens beim Busch- und Strauch-sterben werden sie sich umgucken!

Freimut Wössner

»Ungebremst«

Gerhard Glück

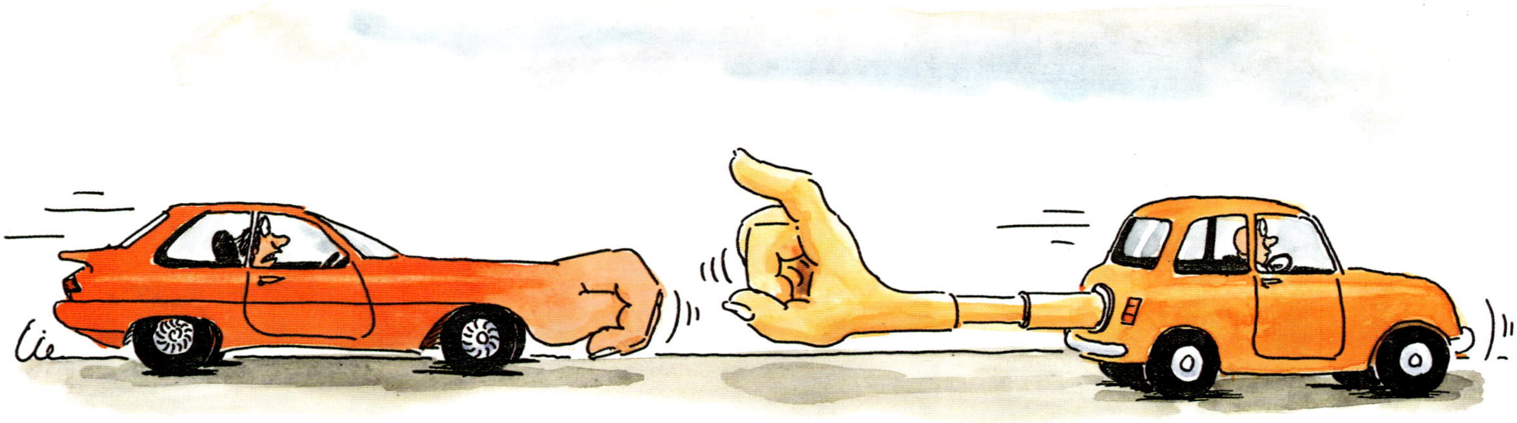

Erik Liebermann

Menschen setzen in Nebenstraßen ein anderes Gesicht auf als in Hauptstraßen.
Georg Christoph Lichtenberg

Pepsch Gottscheber

Ottfried Zielke

Niemand weiß, wie weit seine Kräfte gehen,
bis er sie versucht hat.
Johann Wolfgang von Goethe

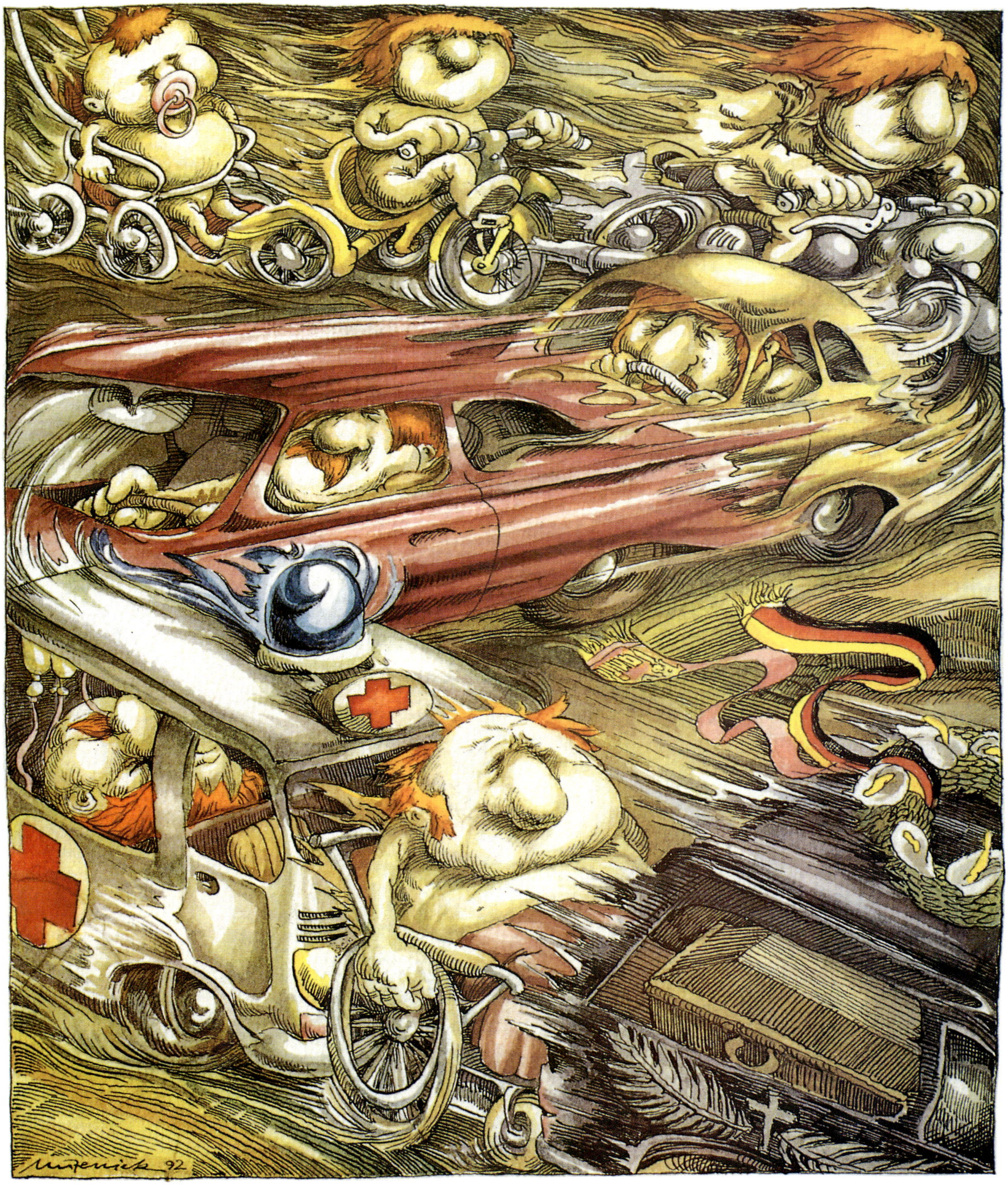

Lebens»lauf« *Peter Muzeniek*

»Wir kommen direkt zu Ihnen!«

Armin Gehret

Spiegelbilder der Deutschen als Wegwerf-Gesellschaft

Die Natur kennt keine Probleme, nur Lösungen. Deshalb mag die gegenwärtige zerstörerische Praxis des Homo sapiens durchaus in ihrem Sinne sein, um sich eines lästig gewordenen intelligenten Warmblüters zu entledigen und damit klarzustellen: es war ein evolutionärer Irrtum.

Carl Amery

Wir haben allenfalls noch zwei bis drei Prozent Landschaft, die man als Natur bezeichnen kann.

Horst Stern

Es ist nicht fünf vor zwölf, sondern Viertel nach drei.

Wolfgang Hildesheimer

Reiner Schwalme

Erik Liebermann

Es wäre doch möglich, daß einmal unsere Chemiker auf ein Mittel gerieten, unsere Luft plötzlich zu zersetzen, durch eine Art Ferment. So könnte die Welt untergehen.
Georg Christoph Lichtenberg

»... diesmal hat sie sich einen Fisch aus der Elbe andrehen lassen!« *Horst Haitzinger*

Erik Liebermann

Wer ›no future‹ sagt, spielt eigentlich das Spiel der Leute, die wirklich keine Zukunft haben wollen.

Robert Jungk

Eine geniale Idee

Dieter Hanitzsch

, Pütt-pütt, Grete, Sonja, Clara, Gabi, Celeste, Marie, A
Alberta, Sofie, Adeline, pütt-pütt, Nadine, Patty, Alice,
Baldegunde, Astrid, Fränzi, Laura-Lee, Natascha, pütt-püt
Donata, Delila, Anna II, Dicky, Sara, Gusti, Dietmunde
Iphigenie, Fernanda, Mieke, Fanny, Marianne, pütt-pü
Netty, Zenzi, Schubsi, Yvonne, Babsi, Vreneli, Almut, Vi

Hans Traxler

»1000 neue Arbeitsplätze; man muß das Waldsterben auch mal positiv sehen!«

Horst Haitzinger

Hans-Jürgen Starke

»Ich glaube, das ist das Reservat unserer letzten Naturschützer...«

Walter Hanel

Spiegelbilder der Deutschen als

Einheits-Gesellschaft

Was man dem Volk dreimal sagt, hält das Volk für wahr.

Heinrich von Kleist

Die Kleinen hängt man auf, die Großen läßt man laufen, denn wenn man die Großen nicht laufen läßt, wer soll dann die Kleinen hängen?

Dieter Hildebrandt

Laßt doch die Zukunft noch schlafen, wie sie es verdient. Wenn man sie nämlich vorzeitig weckt, bekommt man dann eine verschlafene Gegenwart.

Franz Kafka

Ottfried Zielke

Barbara Henniger

Pepsch Gottscheber

Neudeutsche Verkehrsregelung *Peter Muzeniek*

3. Oktober 1990 *Cleo-Petra Kurze*

Die Deutschen sind großer Dinge fähig, aber es ist unwahrscheinlich, daß sie sie tun.

Friedrich Nietzsche

Nel

Totale Abwicklung

Reiner Schwalme

Reiner Schwalme

Brian Bagnall

Ich weiß nicht, ob es besser werden wird, wenn es anders werden wird; aber soviel ist gewiß, daß es anders werden muß, wenn es gut werden soll.

Georg Christoph Lichtenberg

Wo bist Du? *Josef Partykiewicz*

In der Politik entfaltet sich nur soviel Humanität, wie wir in uns selbst verwirklichen.
Horst Eberhard Richter

Barbara Henniger

Die Absicht, daß der Mensch glücklich sei,
ist im Plan der Schöpfung nicht enthalten.
Sigmund Freud

Heinz Langer

Der Irrsinn ist bei einzelnen etwas Seltenes – aber bei Gruppen, Parteien, Völkern, Zeiten die Regel.

Friedrich Nietzsche

Prof. Dr. Dr. Weltverbesserer *Josef Partykiewicz*

Nel

»Elendes Verschwörerpack! Wollt ihr mir jetzt wohl endlich glauben?!« *Luff*

Ein Staatsmann muß vor allem lernen, das Wichtige von Dringendem zu unterscheiden.

Golo Mann

Barbara Henniger

Hauptsache unabhängig

Dieter Hanitzsch

Immer hübsch der Reihe nach! *Luff*

Wir müssen unseren Teil der Verantwortung für das, was geschieht, und für das, was unterbleibt, aus der öffentlichen Hand in die eigenen Hände zurücknehmen.

Erich Kästner

»Auf zu neuen Taten, Rosinante!« *Luff*

Politik ist der Spielraum, den die Wirtschaft derselben läßt.

Dieter Hildebrandt

Wir müssen alle den Gürtel enger schnallen. *Armin Gehret*

Sylvesterüberraschung *Cleo-Petra Kurze*

Hans-Jürgen Starke

Die Zeichner

BRIAN BAGNALL, 1943 in Yorkshire/England geboren, studierte an der Royal Academy in London (Fach Malerei und Illustration), war dann Dozent an der Kunstakademie in Kingston upon Hull, kam über Amsterdam 1972 nach München, wo er seither als Grafiker und Cartoonist lebt. Zahlreiche Ausstellungen als Maler und Cartoonist, hat mehrere Kinderbücher illustriert und zeichnet für »Lui«, »Playboy« und »Nürnberger Zeitung«. – Zeichnungen auf S. 6, 26, 79.

ARMIN GEHRET, 1923 in Karlstadt am Main geboren, lebt seit 1959 bis heute im Allgäu als freischaffender Maler und Grafiker in Grönenbach. Träger des Johann-Georg-Fischer-Kunstpreises 1986, Beteiligung an vielen Ausstellungen im In- und Ausland, zuletzt an »Cartoonale LIFESTYLE« 1989/90, »Mozart in art« 1990/92, »Karikatur & Satire« 1992/93 sowie am »1. Köpenicker Karikaturensommer« 1992 in Berlin. Buchveröffentlichung: »Eine feine Gesellschaft – Deutsche Charaktere«, 1988; freie Mitarbeit bei verschiedenen Verlagen, zeichnet für den »Eulenspiegel«. – Zeichnungen auf S. 22, 24, 58, 90.

GERHARD GLÜCK, 1944 in Bad Vilbel bei Frankfurt am Main geboren, 1966–1970 Grafik-Design-Studium an der Werkkunstschule Kassel, 1972 bis 1975 Studium der Kunsterziehung für Gymnasien. Seit 1976 im Schuldienst. 1984/85 Lehraufträge für Karikatur und Illustration an der Gesamthochschule Kassel. Zeichnet seit 1973 Cartoons und Illustrationen für in- und ausländische Magazine und Zeitungen. Zahlreiche Ausstellungsbeteiligungen im In- und Ausland. Lebt in Kassel. – Zeichnungen auf S. 31, 35, 53.

PEPSCH GOTTSCHEBER, 1946 in der Steiermark geboren, besuchte die Grazer Kunstgewerbeschule und lebt seit 1966 in München. 1974 erschienen seine ersten politischen Karikaturen in der »Süddeutschen Zeitung«; heute zeichnet er regelmäßig für bekannte Tages- und Wochenzeitungen. Seit 1987 widmet er sich auch der Skulptur und der Malerei. Er illustrierte zahlreiche Bücher und arbeitete an vielen Büchern mit. Eigene Veröffentlichungen: »Pepsch Gottschebers Traumreisen«, »Handstreiche«, »Immer kurz vorm Durchbruch«, »Immer schön am Ball bleiben« und »Die Gene schlagen zurück«. – Zeichnungen auf S. 38, 55, 72.

HORST HAITZINGER, 1939 in Eferding/Oberösterreich geboren; künstlerische Ausbildung an der Kunstgewerbeschule in Linz an der Donau, zwölf Semester Malerei und Grafik an der Akademie der bildenden Künste in München; 1958 erschienen die ersten politischen Karikaturen im »Simplicissimus«; heute erscheinen seine Karikaturen in vielen Tages- und Wochenzeitungen in Deutschland, Österreich und in der Schweiz. Seine Zeichnungen und Ölbilder (phantastischer Realismus) und seine politischen Karikaturen werden auf zahlreichen Ausstellungen im In- und Ausland gezeigt. Haitzinger lebt und arbeitet in München. – Zeichnungen auf S. 27, 40, 45, 61, 66.

WALTER HANEL, 1930 in Teplitz-Schönau/Tschechoslowakei geboren, Meisterschüler der Kölner Werkschule, ab 1958 Zeichnungen für »Simplicissimus«, »pardon«, »Kölner Stadtanzeiger«, »Rheinischer Merkur«, seit 1989 für »Frankfurter Allgemeine Zeitung«. Mehrere Buchveröffentlichungen. Wilhelm-Busch-Preis 1987, Thomas-Nast-Preis 1988. Lebt in Bergisch-Gladbach. – Zeichnungen auf dem Titel und S. 10, 25, 41, 68.

DIETER HANITZSCH, 1933 in Schönlinde/Böhmen geboren, gelernter Bierbrauer, studierter Brauerei-Ingenieur und Diplomkaufmann, zuerst Brauerei-Werbeleiter (erfand: »Gut – besser – Paulaner!«), dann Wirtschaftsjournalist (beim Bayerischen Fernsehen). Zeichnet schon seit der Schulzeit, am liebsten Köpfe. Ab 1961 politische Karikaturen für die Münchner »Abendzeitung«, den »Münchner Stadtanzeiger«. Ab 1980 fester Mitarbeiter der Illustrierten QUICK und seit August 1991 des »Bonner General-Anzeiger«. Zeichnete und schrieb viele Bücher, die meisten über Franz Josef Strauß. Kündigte 1985 seinen gutdotierten, rentenberechtigten Abteilungsleiter-Job beim Bayerischen Fernsehen und machte sein Hobby Zeichnen zum Beruf. Er lebt in München-Waldperlach. – Zeichnungen auf S. 21, 34, 63, 87.

BARBARA HENNIGER, 1938 in Dresden geboren, 1956 Abitur, 1956–1967 Architekturstudium an der TH Dresden, 1959–1967 Ausbildung und Tätigkeit als Journalistin an einer Dresdner Tageszeitung. 1967 Übersiedlung nach Strausberg bei Berlin; seither freischaffende Karikaturistin, ständige Mitarbeiterin des »Eulenspiegel«. Beteiligung an allen wichtigen Karikaturen-Ausstellungen im In- und Ausland. Kunstpreis der DDR 1984, »Goldener Hut« der 24. Welt-Caroonale in Knokke-Heist/Belgien, erste Preisträgerin der »Gothaer Karikade« 1991. – Zeichnungen auf S. 15, 70/71, 81, 86.

CLEO-PETRA KURZE, 1951 in der Lutherstadt Eisleben geboren; Abitur 1970 in Halle; 1970 bis 1975 Studium an der Hochschule für Grafik und Buchkunst in Leipzig; seit 1976 freischaffend in Berlin als Illustratorin und Karikaturistin tätig. Beteiligung an vielen Ausstellungen in der DDR und in der Bundesrepublik sowie in Belgien, Bulgarien, der ehemaligen UdSSR, Jugoslawien, Japan und Kanada. – Zeichnungen auf S. 14, 74, 91.

HEINZ LANGER, 1937 in Heidenheim geboren, lebt in München; zeichnet ab 1973 für die »Süddeutsche Zeitung«, »Wirtschaftswoche«, »Photo«, »Lui«, »Züricher Weltwoche«, »Freundin«, »Deutsches Allgemeines Sonntagsblatt« und heute für »Transatlantik«, »Kölner Stadt-Anzeiger«, »Personalcomputer«, »Chip« und »Medical Tribune«. Veröffentlichungen: »Tau träumt durch den Tag«, »Langers Landleben«, »Mäuschen Grau«, »Langer Samstag«, »Grimmige Märchen«, »Denk ich an Bayern...«. Cartoonpreis der japanischen Zeitung »Yomiuri Shimbun«. – Zeichnungen auf S. 37, 47, 82.

ERIK LIEBERMANN, 1942 in München geboren, lebt heute als Cartoonist in Oberbayern. Zahlreiche Veröffentlichungen und Beteiligung an vielen Ausstellungen im In- und Ausland. Zeichnet regelmäßig für die »Süddeutsche Zeitung«, »ADAC Motorwelt«, »Frankfurter Rundschau«, »Schwäbische Zeitung«, »Freundin«, »Hör-Zu«, »Petra« und QUICK. – Zeichnungen auf S. 50, 54, 60, 62.

LUFF (ROLF HENN), 1956 in Idar-Oberstein geboren, studierte 1977 bis 1984 Kunsterziehung an der Universität Mainz und arbeitete nach dem Referendardienst als selbständiger Industrie- und Grafikdesigner. Seine politischen Karikaturen druckte 1987 erstmals die »Mainzer Allgemeine«. Heute zeichnet er hauptberuflich für eine Reihe namhafter Tageszeitungen. Der Familienvater und passionierte Segelflieger lebt und arbeitet in Hennweiler im Hunsrück. Ab 1989 veröffentlicht er Jahrbücher mit Karikaturen, zuletzt »Luff '91 – Ertappt!«. – Zeichnungen auf S. 85, 88, 89.

GERHARD MESTER, 1956 in Betzdorf/Sieg geboren; Grafik-Design-Studium in Kassel. Seit 1984 als freier Karikaturist tätig; lebt und arbeitet in Wiesbaden. – Zeichnungen auf S. 11, 18, 44.

PETER MUZENIEK, 1941 in Lodz (ehem. Litzmannstadt) geboren; 1959 Abitur in Schwerin, 1959 bis 1961 Lehre als Schrift- und Plakatmaler bei der DEWAG-Werbung in Schwerin; 1965 bis 1970 Studium an der Hochschule für Grafik und Buchkunst in Leipzig, 1970 Diplom. Seit 1970 freischaffend tätig als Buchillustrator und Karikaturist für verschiedene Verlage, Zeitschriften und das Fernsehen; seit zwölf Jahren ständige Mitarbeit beim »Eulenspiegel«. – Zeichnungen auf S. 12/13, 43, 57, 73.

NEL (JOAN COZACU), 1953 in Klausenburg (Rumänien) geboren. 1973 bis 1978 Studium an der Hochschule für industrielle Formgestaltung Burg Giebichenstein, Halle. Seit 1984 als freischaffender Cartoonist und Buchillustrator tätig, wohnhaft in Erfurt, verheiratet, zwei Töchter. Mitarbeit an verschiedenen Periodika, hauptsächlich im »Eulenspiegel«. Verschiedene Ausstellungen und Wettbewerbe, Auszeichnungen und Preise. – Zeichnungen auf S. 32, 76, 84.

JOSEF PARTYKIEWICZ, 1914 in Lemberg geboren; Sprößling einer ehemaligen k. u. k.-Familie. Als »Vorkriegsmodell« zeichnet er seit vier Jahrzehnten politische, topics- und Porträtkarikaturen, die in verschiedenen Zeitungen erscheinen, z. B. »Kölnische Rundschau«, »Schwäbische Zeitung«, »Die Welt«, »Rheinischer Merkur« usw. sowie in diversen Illustrierten und Magazinen. Viele Ausstellungen im In- und Ausland, auch in Übersee. – Zeichnungen auf der Umschlag-Rückseite und S. 29, 42, 80, 83.

ERICH RAUSCHENBACH, 1944 in Lichtenstein geboren, seit 1953 West-Berliner, seit 1990 Berliner. 1963 Abitur, von 1963 bis 1966 Banklehre, danach bis 1969 Studium an der Pädagogischen Hochschule Berlin, aus Mangel an Motivation zum Lehrerberuf ohne Abschluß. Von 1970 bis 1973 Studium an der (jetzigen) Hochschule der Künste Berlin mit Abschluß als »staatl. gepr. Grafik-Designer« (in Ermangelung eines möglichen Abschlusses als »Karikaturist«). Seit 1973 freiberuflich tätig als Karikaturist für diverse Zeitschriften, fürs Fernsehen und gelegentlich als Illustrator; veröffentlichte bis jetzt 31 »eigene« Karikaturenbücher, 4 Kindersachbücher und ein Kinderbuch; Mitautor an diversen Anthologien. Verheiratet, eine Tochter. – Zeichnungen auf S. 23, 30, 36.

REINER SCHWALME, 1937 in Liegnitz geboren; Studium der Gebrauchsgrafik in Ost-Berlin bis 1959, danach Grafiker im Verlag »Tribüne«; seit 1966 freiberuflich als Gebrauchsgrafiker, Illustrator für Bücher und Zeitschriften und als Karikaturist tätig. Ständiger Mitarbeiter beim »Eulenspiegel«, bei »Metall« und verschiedenen Tageszeitungen und Zeitschriften. – Zeichnungen auf S. 33, 48, 59, 77, 78.

HANS-JÜRGEN STARKE, 1940 in Nürnberg geboren. Nach Abitur und zweijährigem Theaterpraktikum und drei Semestern Studium an der Berliner Kunsthochschule nichtsahnender Einstieg ins freiberufliche Karikaturistenleben. Ständiger Mitarbeiter beim »Eulenspiegel« und regelmäßiger politischer Karikaturist bei der »Thüringer Allgemeinen« und »Thüringischen Landeszeitung«. Lebt in Arnstadt/Thüringen. – Zeichnungen auf S. 28, 49, 67, 92.

HANS TRAXLER, 1929 als Sohn österreichischer Eltern in der Tschechoslowakei geboren, kam 1945 nach Regensburg, wo er mit Freunden zu zeichnen begann. Ging 1951 nach Frankfurt am Main, wo er sich an der Kunstakademie einschrieb. War 1962 Mitbegründer von »pardon« und 1979 von »Titanic«. Verheiratet, zwei Kinder. Seine Kinderbücher wurden in viele Sprachen übersetzt. Weitere Buchveröffentlichungen: »Die Wahrheit über Hänsel und Gretel«, »Die Reise nach Jerusalem«, »Es war einmal ein Mann«, »Leute von Gestern«, »Birne, das Buch zum Kanzler«, »Der mächtige Max«, »Der Große Gorbi«. Für das »SZ-Magazin« zeichnete er die Serien »Neues Deutschland« und »Der Mensch und seine Sachen«, aus denen die hier veröffentlichten Blätter stammen. – Zeichnungen auf S. 17, 46, 64/65.

KLAUS VONDERWERTH, 1936 in Berlin geboren; von 1955 bis 1959 Studium an der »Meisterschule für Grafik und Buchgestaltung« in Berlin bei Professor Bürger; seit 1959 freischaffend als Grafiker, Buchillustrator und Cartoonist in Berlin tätig; seit 1979 zunehmende Beschäftigung mit dem Kinderbuch und der Druckgrafik, seit November 1989 als Presse-Karikaturist. Verschiedene Preise als Cartoonist und Karikaturist. Beteiligung an vielen Ausstellungen in Ost- und Westeuropa, in Kanada und Japan. – Zeichnungen auf S. 9, 19, 75.

FREIMUT WÖSSNER, 1945 in Allentsteig/Österreich geboren. Sonnige Kindheit in einem schwäbischen Dorf, später die branchenüblichen Irrungen und Wirrungen. Seit 1980 Karikaturist und Verfasser lustiger Texte. Lebt heute in Berlin. Verheiratet, zwei Kinder. Buchveröffentlichungen: »brenzlig-brenzlig«, »Die 380000 ergreifendsten Berufe«, »Menschen, Tiere, Schrankwände« und »Naturbelassen«. – Zeichnungen auf S. 16, 39, 51.

OTTFRIED ZIELKE, 1935 in Berlin geboren. Seit 1937 Cartoonist, dann Grafiker, Figurenmacher, visueller Poet und Radfahrer; lebt in Berlin. Beteiligung an Publikationen von Guillermo Pisler und Uwe Warnke; Mitarbeiter beim »Eulenspiegel«. Keine nennenswerten Ausstellungen im In- und Ausland. – Zeichnungen auf S. 20, 56, 69.

Die Herausgeber

WALTHER KEIM, Prof. Dr., Jahrgang 1935, Ministerialrat, Leiter der Pressedokumentation im Deutschen Bundestag; lehrt an der Westfälischen Wilhelms-Universität in Münster. Zahlreiche Veröffentlichungen zu politischen, zeitgeschichtlichen und historischen Themen in Zeitungen und Zeitschriften; Herausgeber vieler Karikaturenbände, z. B. »Der total perfekte Beamte« (mit Dieter Hanitzsch), »Big Boss. Der Unternehmer in der Karikatur«, »O sancta Justitita. Die schönsten Karikaturen rund um das Rechtswesen«, »Der Nächste bitte... Medi-Zynisches in der Karikatur«, »Wenn Deutsche reisen... Karika-Touren rund um die Welt« sowie »Das waren Zeiten... Achtzehn Karikaturisten sehen vierzig Jahre Bundesrepublik« und »Flitterwochen. Karikaturisten sehen das Jahr nach der deutsch-deutschen Hochzeit« (beide mit Hans Dollinger).

HANS DOLLINGER, Jahrgang 1929, gelernter Buchhändler, Verlagsbuchhändler und Journalist, von 1958 bis 1962 verantwortlicher Redakteur der Zeitschrift »Die Kultur« (bei Desch), seit 1962 freiberuflich als Schriftsteller und Lektor tätig; Autor vieler erfolgreicher historischer Bilddokumentationen und zeitgeschichtlicher Sachbücher; Herausgeber der heute gesuchten Karikaturen-Sammlung »Lachen streng verboten! Die Geschichte der Deutschen im Spiegel der Karikatur« (1972), Mitherausgeber (mit Walther Keim) von »Das waren Zeiten... Achtzehn Karikaturisten sehen vierzig Jahre Bundesrepublik« (1989) und »Flitterwochen. Karikaturisten sehen das Jahr nach der deutsch-deutschen Hochzeit« (1991) sowie (mit Dieter Hanitzsch) »Der doppelte Michel. Karikaturisten sehen ein Jahr deutsche Revolution« (1990).

Quellennachweis

Der einleitende Text »Die Deutschen und ihre Identität« von Richard von Weizsäcker ist ein Auszug aus der gleichnamigen Rede des Bundespräsidenten auf dem Deutschen Evangelischen Kirchentag in Düsseldorf im Jahre 1985. Vergleiche: »Bulletin«, hrsg. vom Presse- und Informationsamt der Bundesregierung, Nr. 64 vom 12. Juni 1985, S. 537ff.